『孝経』を素読する

読本『仮名孝経』

Iyota Satoru
伊與田覺

致知出版社

はじめに

学生の頃、漢文の教科書に記されていた次の一文が、いまなお私の心を捉えて放しません。

「樹欲静而風不止、子欲養而親不待」

（樹静かならんと欲すれども風止《や》まず、子養わんと欲すれども親待たず）

樹が静かに止まろうと思うけれども、風が吹いてなかなかじっとしておられない。同様に、子供が「よし孝行しよう」と思った時には親はなく、親は待ってくれないものである。

時を待たずして幼少の時分から常に親孝行をすることの大切さを説いており、これを「風樹《ふうじゅ》の嘆《たん》」といいます。

私はあいにく、親に十分な孝行を尽くすことはかないませんでしたが、その自分が思いがけず百歳まで生き、この度、『孝経《こうきょう》』を浄書する機会を賜ったことに、天の深い慮《おもんぱか》りを感じ、言葉にできないほどの謝念に胸を熱くしております。

『孝経』の「経」という字は本来「縦糸」を意味します。織物をする際には縦糸が始めから終わりまで一貫して連なっており、それに横糸が編まれて織物が完成します。そこから、三千年の昔も今日も一貫して変わらない思想が盛られた書物を「経」というのです。

天には天のルールがあり、地には地のルールがあるように、人には人のルールがあります。『孝経』とは、これを外せば人でなくなるという厳粛なルール「義理」について説かれた本であるといえます。

かつて日本の子供たちの間には『孝経』に親しむ風潮がありましたが、残念ながらこの頃では、その存在すら知らない人が大半となりました。その『孝経』を、再び多くの人に触れていただく機会を得たことを、心から嬉しく思います。

前書『仮名論語』『「大学」を素読する』（読本「仮名大学」）と同様に、本書が多くの人に愛誦《あいしょう》されんことを、そして、日本の青少年の間に古典を素読する風潮が甦《よみがえ》らんことを願って止みません。

なお、本書の執筆は、『孝経』の普及を願う致知出版社の藤尾社長さまよりご依頼をいただいたことが機縁《きえん》となり、私自身もこれを天からの宿題と受け止め、筆を執《と》る機会を窺っておりました。この度、百一歳にしてようやくその宿題を果たすことができましたことに安堵《あんど》するとともに、この希有なる道縁を得たことに心より感謝申し上げる次第でございます。

平成二十八年九月十五日

百一迂叟　伊與田　覺

装　幀――川上成夫
編集協力――柏木孝之

仮名孝經

開宗明義章第一

孔先生がくつろいでおられたとき、弟子の曾子が傍《そば》にかしこまっていた。

孔先生が言われた。

「先王は根源的に重要な道を知り、それを実践してもつに至った徳によって天下の人を素直に従わせた。民は和やかに睦まじく生活し、各々《おのおの》自らの立場をよくわきまえて、お互いに怨み合うようなことがなかった。お前はそれを知っているか」

曾子は席から立ち上がって言った。

「私はまことに不束者《ふつつかもの》であります。どうしてそんなに高遠なることを知りましょうか」

孔先生は言われた。

「孝行というものは徳の根本になるものだ。いろいろな教えはここから出てくるのだ。席に戻って座りなさい。これからそ

開宗明義章第一《かいそうめいぎしょうだいいち》

仲尼《ちゅうじ》居《きょ》し、曾子《そうし》侍《じ》せり。子《し》曰《のたま》わく、先王《せんのう》至徳要道《しとくようどう》有《あ》り、以《もっ》て天下《てんか》を順《じゅん》にす。民《たみ》用《も》つて和睦《わぼく》し、上下《しょうか》怨《うら》むこと無《な》し。汝《なんじ》之《これ》を知《し》るか。曾子《そうし》席《せき》を避《さ》けて曰《い》わく、參《しん》不敏《ふびん》なり。何《なん》ぞ以《もっ》て之《これ》を知《し》るに足《た》らん。子《し》曰《のたま》わく、夫《そ》れ孝《こう》は、徳《とく》の本《もと》なり。教《おしえ》の由《よ》って生《しょう》

の孝行についてお前に話して聞かせてあげよう。

この体はすべて親から授かったものだ。だから無茶をして傷つけたりしてはいけない。これが孝行の始めだよ。それから世の中に出て正しい道を実践躬行《きゅうこう》して立派な人格を築き上げ、完成させる。そして亡くなった後も名が人の評判に揚がる。そのときに自分の名だけではなく、父や母の名まで揚がる。これが孝行の終わりというものだ。

だから孝行とは、まず親に仕えることから始まり、君に仕えることを経て、人格を次第に完成していき、年をとるほど立派な人物になって天寿を全うしたところで終わるものなのだ。

『詩経』の大雅にはこう言っている。お前の先祖を思わないでよかろうか。お前は先祖があるから今

ずる所《ところ》なり。復《かえ》り坐《ざ》せよ、吾汝《われなんじ》に語《かた》らん。身體髪膚《しんたいはつぷ》、之《これ》を父母《ふぼ》に受《う》く。敢《あ》えて毀傷《きしょう》せざるは孝《こう》の始《はじ》めなり。身《み》を立《た》て道《みち》を行《おこな》い、名《な》を後世《こうせい》に揚《あ》げ、以《もっ》て父母《ふぼ》を顕《あらわ》すは、孝《こう》の終《おわ》りなり。夫《そ》れ孝《こう》は親《おや》に事《つか》うるに始《はじ》まり、君《きみ》に事《つか》うるに中《ちゅう》し、身《み》を立《た》つるに終《おわ》る。大雅《たいが》に云《い》わく、爾《なんじ》の祖《そ》を念《おも》うこと無《な》か

日があるのだ。だから、先祖の徳を受け継ぎ、それを自分に修め、さらに子孫に述べ伝えていかなくてはいけない、と」

＊開宗明義…『孝経』の本筋を開き示し、意味を明らかにする。

＊仲尼…孔子の字《あざな》。

＊身體髪膚…体全体。

天子章第二

孔先生が言われた。

「最高の地位にある天子が親に対して心からの愛情をもって接するような者であれば、人を憎むようなことはない。天子が親に対して地位に就く前と変わらずに尊敬していくような者であれば、国民を侮るようなことはない。天子が愛と敬をもって一所懸命に親に尽くせば、国民全体に徳の教えが及び、周囲の国々にも及んでいって手本となる。

らん也、厥《そ》の徳《とく》を聿《の》べ脩《おさ》むと。

天子章第二《てんししょうだいに》

子曰《しのたま》わく親《おや》を愛《あい》する者《もの》は敢《あ》えて人《ひと》を悪《にく》まず、親《おや》を敬《けい》する者《もの》は敢《あ》えて人《ひと》を慢《あなど》らず。愛敬《あいけい》親《おや》に事《つか》うるに尽《つく》して、徳教《とくきょう》百姓《ひゃくせい》に加《くわ》わり、四海《しかい》に刑《のり》す。蓋《けだ》し天子《てんし》の孝《こう》なり。

天下が治まれば親も安心し、喜ぶ。ゆえにそれは天子の孝となる。

『書経』の甫刑《ほけい》にはこう言っている。最高の地位にある天子に善行があるならば、天下の民はこれによってことごとく立派になっている、と」
＊百姓…「ひゃくせい」と読み、国民全体を意味する。

諸侯章第三

「諸侯・殿様の地位にあって高ぶらないでいれば、高い地位にあっても危うくない。節目をきちんと締めくくり、人間としての度合いをわきまえて謹めば、裕福になってもほどほどのところでとどまっていられる。

高い地位にあっても危うくなければ、長くその地位を守ることができる。裕福になってもほどほど

甫刑《ほけい》に云《い》わく、一人《いちじん》慶《けい》有《あ》れば、兆民之《ちょうみんこれ》に頼《よ》ると。

諸侯章第三《しょこうしょうだいさん》

上《かみ》に在《あ》りて驕《おご》らざれば、高《たこう》して危《あや》うからず。節《せつ》を制《せい》し度《ど》を謹《つつし》めば、満《みち》て溢《あふ》れず。高《たこう》して危《あや》うからざるは、長《なが》く貴《たっと》きを守《まも》

のところでとどまっていれば、長くその富を守ることができる。富や地位は自分のものになり、その後に社稷《しゃしょく》を保つことができる。そのように国家が続き、一般の民をも和やかにしてよく治めていく。これが殿様の孝行である。

『詩経』にはこう言っている。深い淵に入るときには一歩一歩確かめながら入っていき、深いところを高いところから望むように用心に用心を重ねる、あるいは薄い氷を踏んで湖を渡るように慎重にする、そういう心持ちで務めに励むことが大切である、と」

＊社稷…土地の神や五穀の神、転じて世の中、国家を指す。

る所以《ゆえん》なり。満《みち》て溢《あふ》れざるは長《なが》く富《とみ》を守《まも》る所以《ゆえん》なり。富貴《ふうき》其《そ》の身《み》を離《はな》れず、然《しか》る後《のち》能《よ》く其《そ》の社稷《しゃしょく》を保《たも》ちて其《そ》の民人《みんじん》を和《わ》す、蓋《けだ》し諸侯《しょこう》の孝《こう》なり。詩《し》に云《い》わく戦《せん》戦兢兢《せんきょうきょう》として、深淵《しんえん》に臨《のぞ》むが如《ごと》く、薄氷《はくひょう》を履《ふ》むが如《ごと》しと。

卿大夫章第四

「昔の立派な王様は法服でなければ着なかった。昔の立派な王様は法律を尊重して、自分の私情を交えて語るようなことはしなかった。昔の立派な王様は徳に基づいた行いでなければしなかった。

そのために、法律に反するようなことは言わないし、道徳に反するようなことはしない。いいかげんなことを口にしないし、自分勝手な行動をしない。法律や徳に基づいて身勝手な発言をしたり行動をしなければ、口禍が起きることもないし、行うことに対する怨みがない。

法服、法言、徳行の三つが備わって初めて宗廟を守ることができる。それが大臣としての孝行で

卿《けい》大《たい》夫《ふ》章《しょう》第《だい》四《し》

先王《せんのう》の法服《ほうふく》に非《あら》ざれば、敢《あ》えて服《ふく》せず。先王《せんのう》の法言《ほうげん》に非《あら》ざれば、敢《あ》えて道《い》わず。先王《せんのう》の徳行《とっこう》に非《あら》ざれば、敢《あ》えて行《おこな》わず。是《こ》の故《ゆえ》に法《ほう》に非《あら》ざれば言《い》わず、道《みち》に非《あら》ざれば行《おこな》わず、口《くち》に択言《たくげん》無《な》く、身《み》に択行《たっこう》無《な》し、言《げん》天下《てんか》に満《み》つるも口過《こうか》無《な》く、行《おこない》天下《てんか》に

あろう。

『詩経』にはこう言っている。高級役人になったら朝早くから夜遅くまで職務に精励して、そして上一人に仕える。そういうふうにすれば、地位を保っていくことができる、と」

*卿大夫…大臣。

*夙夜…朝早くから夜遅くまで。

*卿大夫…大臣。この章では大臣の孝について述べている。

*夙夜…朝早くから夜遅くまで。昔の朝廷の役人は朝七時までには出勤し、事務処理をして、午後はゆったりとしていた。

士章第五

「父に仕えるような気持ちをもって母に仕える。親を愛するというのは、父も母も同じことだ。父

満《み》つるも怨悪《えんお》無《な》し。三者《さんしゃ》備《そな》わる、然《しか》る後《のち》能《よ》く其《そ》の宗廟《そうびょう》を守《まも》る、蓋《けだ》し卿大夫《けいたいふ》の孝《こう》なり。詩《し》に云《い》わく、夙夜《しゅくや》懈《おこた》らず、以《もっ》て一人《いちじん》に事《つか》うと。

士《し》章《しょう》第《だい》五《ご》

父《ちち》に事《つか》うるに資《と》って以《もっ》て母《はは》に事《つか》う、而《しこう》

に仕えるような心をもって君に仕える。父を敬うのも君を敬うのも同じことだ。母には愛をもって仕え、君には敬をもって仕える。この双方を兼ねるのが父であるから、父によく接するとは愛敬を尽くすことである。

ゆえに、孝の心で君に仕えれば、それは忠になり、敬いの心で長上に仕えれば、それは順になる。この忠と順を忘れることなく上に仕えなくてはいけない。そのうえで与えられた俸禄と地位を保って、それによって祭祀を守る。これが役人としての孝行である。

『詩経』にはこう言っている。朝は早く起き、夜は遅く寝るようにして人並み以上に働く。そして、お前のここに生まれて来た本来の意味を忘れてはならない（宗廟・祭祀を守って先祖の血筋を絶や

して愛同《あいおな》じ。父《ちち》に事《つか》うるに資《と》りて以《もっ》て君《きみ》に事《つか》う、而《しこう》して敬同《けいおな》じ。故《ゆえ》に母《はは》には其《そ》の愛《あい》を取《と》りて、君《きみ》には其《そ》の敬《けい》を取《と》る。之《これ》を兼《か》ぬる者《もの》は父《ちち》なり。故《ゆえ》に孝《こう》を以《もっ》て君《きみ》に事《つか》うれば則《すなわ》ち忠《ちゅう》、敬《けい》を以《もっ》て長《ちょう》に事《つか》うれば則《すなわ》ち順《じゅん》。忠順《ちゅうじゅん》失《うしな》わず、以《もっ》て其《そ》の上《かみ》に事《つか》う。然《しか》る後《のち》能《よ》く其《そ》の禄位《ろくい》を保《たも》ちて、其《そ》の

さないようにするのが大きな孝行である)、と」

＊士…一般役人。この章では一般役人の孝について述べている。

＊当時は役人も世襲が多かった。そのため、先祖というものを大切にし、「祭祀を守る」ということに非常な重みを置いていたのである。

庶人章第六

「天候をよく見極めて種を蒔き、土地柄をよく見計らってふさわしい作物をつくっていく。自分の身を謹んで節約をし、家を豊かにして父母を養う。これが一般の人の孝である。

祭祀《さいし》を守《まも》る、蓋《けだ》し士《し》の孝《こう》なり。詩《し》に云《い》わく、夙《つと》に興《お》き夜《よわ》に寐《い》ね、爾《なんじ》の所生《しょせい》を忝《はずか》しむること無《な》かれと。

庶人章第六《しょじんしょうだいろく》

天《てん》の道《みち》を用《もち》い、地《ち》の利《り》を分《わか》ち、身《み》を謹《つつし》み用《よう》を節《せつ》し、以《もっ》て父母《ふぼ》を養《やしな》う、此《これ》庶人《しょじん》の孝《こう》なり。故《ゆえ》に天子《てんし》自《よ》り庶人《しょじん》に至《いた》るまで、孝終始《こうしゅうし》無《な》くして、及《およ》ばざるを患《うれ》うる者《もの》は、未《いま》だ之《これ》有《あ》らざるなり。

三才章第七《さんさいしょうだいしち》

曾子《そうし》曰《い》わく、甚《はなは》だしきかな孝《こう》の大《だい》なるや。

子《し》曰《のたま》わく、夫《そ》れ孝《こう》は天《てん》の経《けい》なり、地《ち》の

そういうわけだから、天子から一般の人に至るまで、親に尽くすということについては変わりない。孝行にはこれでいいという始終はない。しかし、孝行を十分に尽くしたかと心配する者は非常に少ない」

＊庶人…農工商にかかわる人。
＊始終…始めと終わり。

三才章第七

ここまで孔先生のお傍にあって話を聞いていた曾子が言った。

「孝行というものは、まことに大きなものですねえ」

孔先生が言われた。

「それは昔からずっと今日まで変わらず一貫した

ものであり、人が生きていく道筋となるものである。民はこの天の経、地の義に則って生きるものである。

優れた立派な人物は、上に立って、天の明に則り、地の利に因《よ》って、和やかに逆らうことなくやっていく。だから、その教えというものがあまり粛然とした堅苦しいものにならずに行われていくし、政もそう厳しくなくても自然に治まっていく。昔の優れた王様が教えをもって民を化していくところに、そのやり方を見ることができる。

そのように民を教化するときに博愛というものをもってしたら、民は親を忘れることがない。民に向かって徳義をもって教えていくと、民は感奮《かんぷん》興起《こうき》してこれを実践しようとする。

そのためには、まず上

義《ぎ》なり、民《たみ》の行《おこない》なり。天地《てんち》の経《けい》にして、民《たみ》是《これ》之《これ》に則《のっと》る。天《てん》の明《めい》に則《のっと》り、地《ち》の利《り》に因《よ》りて、以《もっ》て天下《てんか》を順《じゅん》にす。是《ここ》を以《もっ》て其《そ》の教《おしえ》粛《しゅく》ならずして成《な》り、其《そ》の政《まつりごと》厳《げん》ならずして治《おさ》まる。先王《せんのう》教《おしえ》の以《もっ》て民《たみ》を化《か》す可《べ》きを見《み》るなり。是《こ》の故《ゆえ》に之《これ》に先《さき》んずるに博愛《はくあい》を以《もっ》てして、民《たみ》其《そ》の親《おや》を遺《わす》るる莫《な》し。

に立つ者が敬譲をもってすれば、民はお互いに譲り合って争わないようになる。民を導くのに礼楽をもってすれば、民は自然に和やかに、そして睦まじくするようになる。民に示すのに道理にかなったことを好み、かなわないことを悪《にく》むように教えると、民は禁ずべきことがあると自ずから知る。『詩経』にはこう言っている。天子の師であるところの尹という人の一挙手一投足にも民は注意を払って見ている（だから失敗のないように注意をすることが大切だ）、と」

＊三才…三は「天・地・人」のこと、才は働き。我々は天を父とし、地を母として生を受ける。ゆえに、我々の体の中には生まれながらにして天地が凝縮されているといえる。

之《これ》に陳《の》ぶるに徳《とく》義《ぎ》を以《もっ》てして、民興《たみおこ》し行《おこ》なう。之《これ》に先《さき》んずるに敬譲《けいじょう》を以《もっ》てして、民《たみ》争《あらそ》わず。之《これ》を導《みちび》くに礼楽《れいがく》を以《もっ》てして、民《たみ》和睦《わぼく》す。之《これ》に示《しめ》すに好悪《こうお》を以《もっ》てして、民《たみ》禁《きん》を知《し》る。詩《し》に云《い》わく、赫赫《かくかく》たる師尹《しいん》、民具《たみとも》に爾《なんじ》を瞻《み》ると。

孝治章第八

孔先生が言われた。

「昔の立派な王様は孝をもって天下を治め、小さな国の国主をも疎《おろそ》かにしなかった。小国の国主をも忘れなかったのだから、大国の国主を忘れるようなことはなく、敬意をもってこれに接した。そのためすべての国の国主の喜ぶ心を得て国家が繁栄したために、安心して引退している先王に仕えた。

国を治める者は、世話をする者のない孤独な者たちをも侮《あなど》らなかった。そうした者をも侮らないのだから、ちゃんとした役人や一般の民を侮るようなことはせず、大切にした。そのために国民の喜ぶ心を得て、安心して引退した先君に仕えた。

家をよく治める者は召

孝《こう》治《ち》章《しょう》第《だい》八《はち》

子《し》曰《のたま》わく、昔《むかし》者明王《めいおう》の孝《こう》を以《もっ》て天下《てんか》を治《おさ》むるや、敢《あ》えて小国《しょうこく》の臣《しん》を遺《わす》れず、而《しか》るを況《いわん》や公《こう》、侯《こう》、伯《はく》、子《し》、男《だん》に於《おい》てをや。故《ゆえ》に萬《ばん》国《こく》の懽心《かんしん》を得《え》て、以《もっ》て其《そ》の先王《せんのう》に事《つか》う。国《くに》を治《おさ》むる者《もの》は、敢《あ》えて鰥寡《かんか》を侮《あなど》らず、而《しか》るを況《いわん》や士《し》民《みん》に於《おい》てをや。故《ゆえ》に百姓《ひゃくせい》の使いの心を失わないで、よくなつける。ましてや非常に親しい自分の妻や子の心を失うことはなくちゃんとやっていく。そのため皆から喜ばれて、自分の親に十分に仕えることができる。

そのようなわけだから、親が生きているときは家の中がよく治まっているので安心するし、亡くなってからは先祖をお祭りしても、先祖の霊は喜んでその祭りを受ける。

ここをもって世の中は非常に和平にして、災害が生じることもないし、騒乱も起こらない。立派な王様が孝をもって天下を治めていくというのも、このようなものである。『詩経』の中にこういう言葉がある。大なる徳行があれば周囲の国々もこれに従う。そしてよく治まっていく、と」

＊公、侯、伯、子、男…

懽心《かんしん》を得《え》て以《もっ》て其《そ》の先君《せんくん》に事《つか》う。家《いえ》を治《おさ》むる者《もの》は、敢《あ》えて臣妾《しんしょう》の心《こころ》を失《うしな》わず而《しか》るを況《いわん》や妻子《さいし》に於《おい》てをや。故《ゆえ》に人《ひと》の懽《かん》心《しん》を得《え》て、以《もっ》て其《そ》の親《おや》に事《つか》う。夫《そ》れ然《しか》り。故《ゆえ》に生《いき》ては則《すなわ》ち親《おや》之《これ》を安《やす》んじ、祭《まつり》ては則《すなわ》ち鬼《き》之《これ》を享《う》く。是《ここ》を以《もっ》て天下《てんか》和平《わへい》し、災《さい》害《がい》生《しょう》ぜず禍乱《からん》作《おこ》らず。故《ゆえ》に明王《めいおう》の孝《こう》を封建時代の大国の五段階を表したもの。
＊鰥寡…妻を失った夫と夫を失った妻。本来は「鰥寡孤独」といって、孤（孤児）と独（独り者）を含め、身寄りのない者をいう。

聖治章第九

曾子が尋ねた。

「聖人の徳で、孝よりももっと高い徳は何かあるのでしょうか」

孔先生が答えた。

「天地は人をもっとも貴いものとしている。そして人の行いの中で孝よりも大きなものはない。その孝の中で父を崇め尊ぶよりも大きなものはない。父を崇め尊ぶのは天を崇

以《もっ》て天下《てんか》を治《おさ》むるや、此《かく》の如《ごと》し。詩《し》に云《い》わく、覚《かく》たる徳行《とっこう》有《あ》れば、四国之《しこくこれ》に順《したが》うと。

聖治章第九《せいちしょうだいく》

曾子《そうし》曰《い》わく敢《あ》えて問《と》う、聖人《せいじん》の徳《とく》、以《もっ》て孝《こう》に加《くわ》うる無《な》きか。子曰《しのたま》わく、天地《てんち》の性《せい》は、人《ひと》を貴《たっと》しと為《な》す。人《ひと》の行《おこない》は、孝《こう》より大《だい》

め尊ぶのと同様に大きなものである。

それを実践したのは周公である。周公は周の国の大先祖である后稷《こうしょく》の棄《き》を城の郊外にお祭りし、天子と同じ扱いをして敬い尊んだ。文王を王の先祖として天子が政治をする明堂に祀り、天子と並べて対等に扱った。周公のこの取り扱いに感激した諸侯たちは、それぞれの土地の特産品を持ち寄り、それをお供えして、祭りの手助けをした。それは周公の聖徳によってなされたことであるけれども、もとをたどれば孝道が根本にあるからであり、それ以上の何ものもそこに加えることはできない。

だから子供を育てるときに膝もとにおいて育てていく。そこに自ずから親しむという心が生じてきて、成長するにつれて

なるは莫《な》し。孝《こう》は、父《ちち》を厳《げん》にするより大《だい》なるは莫《な》し。父《ちち》を厳《げん》にするは、天《てん》に配《はい》するより大《だい》なるは莫《な》し。則《すなわ》ち周公《しゅうこう》は其《そ》の人《ひと》なり。昔者《むかし》周公《しゅうこう》后稷《こうしょく》を郊祀《こうし》し、以《もっ》て天《てん》に配《はい》し、文王《ぶんのう》を明堂《めいどう》に宗祀《そうし》し、以《もっ》て上帝《じょうてい》に配《はい》す。是《ここ》を以《もっ》て四海《しかい》の内《うち》各《おのおの》其《そ》の職《しょく》を以《もっ》て来《きた》り祭《まつ》る。夫《そ》れ聖人《せいじん》の徳《とく》、又《また》何《なに》を以《もっ》て

父母を養い、日々尊ぶようになる。聖人は父母を敬い尊ぶことによって敬を教え、そして親しむという心によって愛を教えた。聖人の教えはそう堅苦しくなくても効果が上がり、政はそう厳しくなくても自ずからよく治まった。それは天地の根本に因るものだからである。

父が子を慈しみ、子が父を尊崇するのは自然のものである。これは君が臣を仁をもって使い、臣が君に義をもって仕えるのと同じ関係である。

父母が子供を生み、いろいろな道を伝えていく。それにより親から子へ、子から孫へとずって続いて変わらない。これより大きなものはない。君もまた親しんで民に臨む。そのような君の深厚な仁愛よりも重いものはない。

だから自分の親を疎《おろそ》かにして他人を愛するよう

孝《こう》に加《くわ》えんや。故《ゆえ》に親《しん》これを膝下《しっか》に生《しょう》じ以《もっ》て父母《ふぼ》を養《やしな》い日《ひび》に厳《げん》にす。聖人《せいじん》厳《げん》に因《よ》りて以《もっ》て敬《けい》を教《おし》え親《しん》に因《よ》りて以《もっ》て愛《あい》を教《おし》う。聖人《せいじん》の教《おしえ》粛《しゅく》ならずして成《な》り、其《そ》の政《まつりごと》厳《げん》ならずして治《おさ》まる。其《そ》の因《よ》る所《ところ》の者《もの》本《もと》なればなり。父子《ふし》の道《みち》は天性《てんせい》なり。君臣《くんしん》の義《ぎ》なり。父母《ふぼ》之《これ》を生《う》み続《つづく》な人を悖徳漢《はいとくかん》という。自分の親を敬わずに他人を敬う者を悖礼者《はいれいしゃ》という。上に立つ者が自分の親を愛し、他人を愛す、また自分の親を敬し、他人を敬するならば、民はそれに従っていくが、自分の親を愛さずして他人を愛し、親を敬せずして他人を敬するようなことをすれば決して従わない。

　そういう徳や礼に悖《もと》る者が民を指導しようとしても、民は善きことを実践せず、皆、間違った徳を行うであろう。そういう人が一時的に良好な志を得て富貴を手に入れたところで、立派な人物はそれを貴ぶことはない。

　立派な人物は、言うべきときに言い、民の喜ぶことを行う。そのため、その徳義は尊ばれ、その為すところは手本となり、その姿は仰ぎ見られることになり、その出処進退

こと焉《これ》より大《だい》なるは莫《な》し。君親《きみしたし》みて之《これ》に臨《のぞ》み、厚《あつ》きこと焉《これ》より重《おも》きは莫《な》し。故《ゆえ》に其《そ》の親《おや》を愛《あい》せずして他人《たにん》を愛《あい》する者《もの》、之《これ》を悖徳《はいとく》と謂《い》う。其《そ》の親《おや》を敬《けい》せずして他人《たにん》を敬《けい》する者《もの》、之《これ》を悖礼《はいれい》と謂《い》う。順《じゅん》以《もっ》てすれば則《のっと》り逆《ぎゃく》なれば民則《たみのっと》ること無《な》し。善《ぜん》に居《お》らずして、皆凶徳《みなきょうとく》に在《あ》り。志《こころざし》を

は後世の目安となる。

そのようにして民に臨むから、民はそれを畏敬し、それを模範として、自分もそうなろうと努力をする。そのため、その徳教がよく成果を収めて、政治や命令をスムーズに実践していくことができる。

『詩経』にはこう言っている。善人や立派な人物の行いはいつも変わらない、と」

＊后稷…農業を司る官職。
＊棄…后稷を務め、周の国の先祖となった。ここから后稷というと棄を指すようになった。
＊文王…周を建国した武王の父。
＊悖徳漢、悖礼者…徳に悖る（反する）者が悖徳漢、礼に悖る者が悖礼者。

得《う》と雖《いえど》も君子《くんし》は貴《たっと》ばざるなり。君子《くんし》は則《すなわ》ち然《しか》らず。言《げん》道《い》うべきを思《おも》い、行《おこない》楽《たの》しむべきを思《おも》う。徳義《とくぎ》尊《たっと》ぶべく、作事《さくじ》法《のっと》るべく、容止《ようし》観《み》るべく、進退《しんたい》度《ど》とすべし。以《もっ》て其《そ》の民《たみ》に臨《のぞ》む。是《ここ》を以《もっ》て其《そ》の民《たみ》畏《おそ》れて之《これ》を愛《あい》し則《のっと》りて之《これ》に象《かたど》る。故《ゆえ》に能《よ》く其《そ》の徳教《とくきょう》を成《な》して、其《そ》の政令《せいれい》を行《おこな》う。詩《し》に

紀孝行章第十

孔先生が言われた。

「親孝行な者は、家で平和に事もなく暮らしているときは親を敬い、また心から楽しんで養っていく。病気になれば心から心配をして、なんとか一日でも早く回復するようにと、あらん限りの力を尽くして接する。亡くなれば葬式を丁寧にして、喪に服する。亡くなった後の命日や回忌はきちんと礼に従ってお祭りをする。以上のような五つのことをちゃんとして、親を大切にしていく。

　そのように親に仕え、先祖を大切にする者は、人の上に立ってもいい気になって驕《おご》り高ぶったりしないし、地位が低いときでも生活が乱れないし、普通の人と一緒に生活しながら無下《むげ》に争ったりし

云《い》わく、淑人君子《しゅくじんくんし》、其《そ》の儀忒《ぎたが》わずと。

紀孝行章第十《きこうこうしょうだいじゅう》

子曰《しのたま》わく、孝子《こうし》の親《おや》に事《つか》うるや、居《きょ》には則《すなわ》ち其《そ》の敬《けい》を致《いた》し、養《やしな》いには則《すなわ》ち其《そ》の楽《たのしみ》を致《いた》し、病《やまい》には則《すなわ》ち其《そ》の憂《うれい》を致《いた》し、喪《も》には則《すなわ》ち其《そ》の哀《かなしみ》を致《いた》し、祭《まつり》には則《すなわ》ち其《そ》の厳《げん》を

ない。

人の上に立って驕れば、信頼を失って凋落《ちょうらく》してしまうし、地位が低いときに自暴自棄になれば、罪を犯して罰せられることになる。一緒に生活をしている同僚と争えば、お互いに傷つけ合い、殺し合うことになる。人の上にあって驕らない、低い地位にあって自暴自棄にならない、共に生活をする仲間と争わないという三つに注意していかないと身を滅ぼすことになる。親は三牲《さんせい》の養いを受けても喜びはしない。成功しても自分の身をよく謹んで過ちのない生活を続けてくれることが、親にとってはもっとも孝行なのである」

＊紀孝行…孝行について記す。

＊三牲…牛、羊、豚。これらの料理は古代中国ではご馳走であった。

致《いた》す。五者《ごしゃ》備《そな》わる。然《しか》る後《のち》能《よ》く親《おや》に事《つか》う。親《おや》に事《つか》うる者《もの》は、上《かみ》に居《お》りて驕《おご》らず、下《しも》と為《な》りて乱《みだ》れず醜《しゅう》に在《あ》りて争《あらそ》わず。上《かみ》に居《お》りて驕《おご》れば則《すなわ》ち亡《ほろ》ぶ。下《しも》と為《な》りて乱《みだ》るれば則《すなわ》ち刑《けい》せらる。醜《しゅう》に在《あ》りて争《あらそ》えば則《すなわ》ち兵《へい》せらる。三者《さんしゃ》除《のぞ》かれずんば、日《ひ》に三牲《さんせい》の養《やしな》いを用《もち》うと雖《いえど》も猶《なお》不孝《ふこう》孔先生が言われた。

「法律には五刑というものがあり、それを施行していく上において付属するものが三千ある。しかし、そうした罪の中でも不孝をなすより大きな罪はない。君を脅かす者は上下の序列をないがしろにし、聖人を非難する者は規範や礼儀をないがしろにし、孝を非難する者は親を無視することになる。これらが世の中を乱す根源になる」

＊五刑…墨刑《ぼっけい》（額に入れ墨をする）、劓刑《ぎけい》（鼻を削ぎ取る）、剕刑《ひけい》（足の筋肉を斬って歩けなくする）、宮刑《きゅうけい》（男ならば男根を切り取って去勢する。女は小部屋に閉じ込めて外に出さない）、大辟《たいへき》（死刑）の五つの刑罰。

たるなり。

五刑章第十一《ごけいしょうだいじゅういち》

子曰《しのたま》わく、五刑《ごけい》の属三千《ぞくさんぜん》、而《しこう》して罪不孝《つみふこう》より大《だい》なるは莫《な》し。君《きみ》を要《よう》する者《もの》は上《かみ》を無《なみ》し、聖人《せいじん》を非《そし》る者《もの》は法《ほう》を無《なみ》し、孝《こう》を非《そし》る者《もの》は親《おや》を無《なみ》す。此《これ》大乱《たいらん》の道《みち》なり。

孔先生が言われた。

「民にお互いに親しみ愛し合うことを教えるためには、孝行を教えるよりよいものはない。民にお互いに素直に譲り合うことを教えるためには、悌を教えるよりよいものはない。悪い風俗を良い風俗に変えていくのには、調和を貴ぶところの音楽を盛んにするよりよいものはない。

世の中を平安にもっていくためには、礼が非常に大切である。その礼の中でもっとも重要なのは敬である。だから、親がその父親を敬すれば、子供は喜んで自分の親を敬するようになる。次弟が兄を敬うと、その下の弟も兄を喜んで敬するようになる。大臣が自分の上なる君を心から敬すれば、その下の役人たちも喜ん

廣要道章第十二《こうようどうしょうだいじゅうに》

子《し》曰《のたま》わく、民《たみ》に親愛《しんあい》を教《おし》うるは、孝《こう》より善《よ》きは莫《な》し。民《たみ》に礼順《れいじゅん》を教《おし》うるは、悌《てい》より善《よ》きは莫《な》し。風《ふう》を移《うつ》し俗《ぞく》を易《か》うるは、楽《がく》より善《よ》きは莫《な》し。上《かみ》を安《やす》んじ民《たみ》を治《おさ》むるは、礼《れい》より善《よ》きは莫《な》し。礼《れい》は敬《けい》のみ。故《ゆえ》に其《そ》の父《ちち》を敬《けい》すれば則《すなわ》ち子《こ》悦《よろこ》ぶ。其《そ》

で君を敬するようになる。そして、君子が親を敬すると、千万人の国民はそれに見習って親を敬するようになる。

最上の地位にある者は、敬うところの人は数少ないけれども、しっかり敬えば、それを見習って喜んで敬する者は非常に多い。これが大事な道である」

＊廣要道…要道を広める。要道とは大切な道のことで、ここでは孝道といいかえてもいいだろう。

廣至徳章第十三

孔先生が言われた。

「立派な人物が孝行を教えるときには、一軒一軒家を回って説くわけでもないし、日々それを教え

の兄《あに》を敬《けい》すれば、則《すなわ》ち弟《おとうと》悦《よろこ》ぶ。其《そ》の君《きみ》を敬《けい》すれば則《すなわ》ち臣《しん》悦《よろこ》ぶ。一人《いちじん》を敬《けい》して千《せん》万人《まんにん》悦《よろこ》ぶ。敬《けい》する所《ところ》の者《もの》寡《すく》なくして悦《よろこ》ぶ者《もの》衆《おお》し。此《これ》を之《こ》れ要道《ようどう》と謂《い》うなり。

廣至徳章第十三《こうしとくしょうだいじゅうさん》

子曰《しのたま》わく、君子《くんし》の教《おし》うるに孝《こう》を以《もっ》てす

ていくわけでもない。

君子にも父がいるから、その父に孝を尽くせば、世の中全体が自らの父を敬するもとになる。君子には兄もいるから、その兄に悌順《ていじゅん》であれば、世の中全体の弟が兄を敬するもとになる。

大臣が自分の君子に対して忠良なる臣としての手本を示すことは、世の中全体の人が自分の上の者を敬するもとになる。『詩経』にはこう言っている。ゆっくりとした君子は民の父母、と。上に立つ者が徳を身につけていなければ、誰が民を従わせるというような大きなことを成し遂げられるであろうか」

＊廣至徳章も廣要道章と同じようなことをいっている。なぜならば、要道の「道」とはルールであり、このルールを実践したときに

るや家《いえ》ごとに至《いた》りて日《ひ》ごとに之《これ》を見《み》るに非《あら》ざるなり。教《おし》うるに孝《こう》を以《もっ》てするは、天下《てんか》の人《ひと》の父《ちち》たる者《もの》を敬《けい》する所以《ゆえん》なり。教《おし》うるに悌《てい》を以《もっ》てするは、天下《てんか》の人《ひと》の兄《あに》たる者《もの》を敬《けい》する所以《ゆえん》なり。教《おし》うるに臣《しん》を以《もっ》てするは、天下《てんか》の人《ひと》の君《きみ》たる者《もの》を敬《けい》する所以《ゆえん》なり。詩《し》に云《い》わく、愷悌《がいてい》の

「徳」に至るからである。道と徳は一つのものの両面なのである。
＊愷悌《がいてい》…和やかなこと。
＊至徳に非ざれば…民をしたがわせようとするならば、上に立つ者が理屈ではなく行動でもって自らの徳を示さなくてはいけない。自らがその良きお手本となって示すことが大切なのだといっている。

廣揚名章第十四

孔先生が言われた。
「君子が親に仕えるのが孝で、その孝の生き方をそのまま君に移せば忠となる。兄に仕えるときには悌順であるから、それを世の中に出たら長上に移せばよい。家の中がよく治まっている。これを

君子《くんし》は、民《たみ》の父母《ふぼ》と。至徳《しとく》に非《あら》ざれば、其《そ》れ孰《たれ》か能《よ》く民《たみ》を順《じゅん》にすること、此《か》くの如《ごと》く其《そ》れ大《だい》なる者《もの》ならんや。

廣揚名章第十四《こうようめいしょうだいじゅうし》

子曰《しのたま》わく、君子《くんし》の親《おや》に事《つか》うるや孝《こう》。故《ゆえ》に忠《ちゅう》君《きみ》に移《うつ》すべし。兄《あに》に事《つか》うるや悌《てい》。

そのまま政治の上に移したら、それで立派にやっていくことができる。

そうしたことを自らの内から行っていくことによって、世の人もこれを大いに認め、それによって地位もだんだん高くなっていき、名が後世まで伝わるようになる（名が後世に伝わることによって、さらに父母の名も揚げることができる）」

諫諍章第十五

曾子が言った。

「これまで先生から慈愛や恭敬、あるいは親を安心させ、名を揚げることなどを教えていただきました。しかし、どうも私には不審な点がございます。子が父の命令や言い

故《ゆえ》に順長《じゅんちょう》に移《うつ》すべし。家《いえ》に居《お》るや理《り》。故《ゆえ》に治官《ちかん》に移《うつ》すべし。是《ここ》を以《もっ》て行《おこな》い内《うち》に成《な》りて、名《な》後世《こうせい》に立《た》つ。

諫諍章第十五《かんそうしょうだいじゅうご》

曾子《そうし》曰《い》わく、夫《か》の慈愛恭敬《じあいきょうけい》、親《おや》を安《やす》んじ名《な》を揚《あ》ぐるがごときは、則《すなわ》ち命《めい》を聞《き》けり。

つけにいかなることがあっても従う。そういうことを孝と言うのでしょうか」

孔先生がお答えになった。

「これは昔の話だけれども、天子に異議を申し立てる家来が七人あれば、天子が道を外した無謀なことをやっても天下を失うことはなかった。

殿様に異議を申し立てるような家来が五人あれば、殿様が多少無茶な振る舞いをしてもその国が滅びるようなことはなかった。

大臣に異議を申し立てる家来が三人いれば、大臣が多少の無茶をしても家が取り潰されるようなことはなかった。

一般の役人に間違いを指摘して正してくれる同僚や親友がいれば、良い評判を失うことはなかった。

敢《あ》えて問《と》う、子《こ》父《ちち》の令《れい》に従《したが》うを、孝《こう》と謂《い》うべきか。子曰《しのたま》わく、是何《これなん》の言《げん》ぞや。是何《これなん》の言《げん》ぞや。昔者《むかし》、天子《てんし》に争臣《そうしん》七人《しちにん》有《あ》れば、無道《むどう》と雖《いえど》も天下《てんか》を失《うしな》わず。諸侯《しょこう》に争臣《そうしん》五人《ごにん》有《あ》れば、無道《むどう》と雖《いえど》も其《そ》の国《くに》を失《うしな》わず。大夫《たいふ》に争臣三人《そうしんさんにん》有《あ》れば、無道《むどう》と雖《いえど》も其《そ》の家《いえ》を失《うしな》わず。士《し》に争友《そうゆう》有《あ》れば、則《すなわ》ち身《み》令名《れいめい》父親が道に外れたことをした場合には、子供がそれを諫《いさ》め、改めさせようと懸命に努める。それを父親が受け入れてくれれば、誤った道に陥らずに家をととのえていくことができる。

だから父親がもし間違ったことをしたならば、やはり子供としては父と争ってでも諫めなければならない。家来となってその君に間違ったことがあるならば、やはり家来としては君と争ってでも諫めなければならない。

道に外れたことであれば、相手が父であったとしても争ってでも諫め正していく。ただ単に父親の命令にすべて従うことがどうして孝行といえるだろうか」

＊争臣…天子の誤りを諫める臣下。

を離《はな》れず。父《ちち》に争子《そうし》有《あ》れば、則《すなわ》ち身《み》不義《ふぎ》に陥《おちい》らず。故《ゆえ》に不義《ふぎ》に当《あた》れば則《すなわ》ち子《こ》以《もっ》て父《ちち》と争《あらそ》わざるべからず。臣《しん》以《もっ》て君《きみ》と争《あらそ》わざるべからず。故《ゆえ》に不義《ふぎ》に当《あた》れば、則《すなわ》ち之《これ》と争《あらそ》う。父《ちち》の令《れい》に従《したが》うを又《また》焉《いずく》んぞ孝《こう》と為《な》すことを得《え》んや。

孔先生が言われた。

「昔の立派な王様は、自分の親に対しては誠心誠意を尽くして孝行に励んだ。その気持ちで天に仕えたから、天が感応し、天下に光り輝く王として万民がこれを仰ぎ見るようになったのだ。王といえどもその母に対しては誠心誠意を尽くして孝行に励んだ。その心をもって地に仕えたから、地が感応し、王の心が天下の隅々にまで行き渡ったのだ。

年下の者は年上の者に対して素直に従っていく。上と下とが順をよくわきまえ、よく親しみ睦み合って天下はよく治まるものである。そのように王が長幼の順をよくわきまえて実践すると、天地が光り輝き、その光が隅々まで行き渡り、天地の徳

應《おう》感《かん》章《しょう》第《だい》十《じゅう》六《ろく》

子《し》曰《のたま》わく、昔者《むかし》明王《めいおう》の父《ちち》に事《つか》うるや孝《こう》、故《ゆえ》に天《てん》に事《つか》うるや明《めい》なり。母《はは》に事《つか》うるや孝《こう》、故《ゆえ》に地《ち》に事《つか》うるや察《さっ》なり。長幼順《ちょうようじゅん》なり、故《ゆえ》に上下《しょうか》治《おさ》まる。天地明察《てんちめいさつ》にして、神明《しんめい》彰《あら》わる。故《ゆえ》に天子《てんし》と雖《いえど》も必《かなら》ず尊《たっと》ぶべきこと有《あ》るなり、父《ちち》有《あ》るを言《い》うなり。

が現れてくる。

　それゆえに最上の天子といっても必ず尊ぶべきものがある。それは天子だからといって父を臣下扱いにするようなことはしないことだ。そして天子といえども必ず自分より先んじていく者がある。兄というのは先んずる者である。

　宗廟に心から先祖を敬ってお祭りすれば、それが親を忘れないということだ。自分の身を修め、行いを慎んで過ちなきように期していくのは、亡くなった先祖を辱しめることをおそれるからである。そういうふうに宗廟に敬意を尽くせば先祖の魂が現れて子孫を守ってくれる。

　親に孝、兄には悌、そういう行いを続けていれば神様にも通じて、天下にあまねく輝き、通じないところがどこにもない。


必《かなら》ず先《さき》んずること有《あ》るなり。兄《あに》有《あ》るを言《い》うなり。宗廟《そうびょう》敬《けい》を致《いた》せば、親《おや》を忘《わす》れざるなり。身《み》を修《おさ》め、行《おこない》を慎《つつし》むは、先《せん》を辱《はずか》しむることを恐《おそ》るるなり。宗廟《そうびょう》敬《けい》を致《いた》せば、鬼神《きしん》著《あら》わる。孝悌《こうてい》の至《いた》り神明《しんめい》に通《つう》じ、四海《しかい》に光《かがや》き、通《つう》ぜざる所《ところ》無《な》し。詩《し》に云《い》わく西《にし》自《よ》り東《ひがし》自《よ》り南《みなみ》自《よ》り北《きた》自《よ》り思《おも》うて服《ふく》

『詩経』の大雅に周の文王を讃えた詩がある。それはこう言っている。文王は西からも東からも、あるいは南からも北からも、すべて万民はその徳を思い、心から服さない者はなかった、と」

事君章第十七

孔先生が言われた。

「立派な人物が君のお傍にいるときには、心から誠を捧げることを思う。また、役所から家に戻ったときも、君の過ちをなんとかして補って、正しくしようと考える。上に立つ者が麗しい美点を大いに発揮するように助け、それに従おうとし、上に立つ人の悪癖を正し、その過ちを救う。そうすれば上の者と下の者とが心を相通じて相親しむようになる。

せざること無《な》しと。

事《じ》君章第十七《くんしょうだいじゅうしち》

子曰《しのたま》わく、君子《くんし》の上《かみ》に事《つか》うるや、進《すす》みては忠《ちゅう》を盡《つく》さんことを思《おも》い、退《しりぞ》いては過《あやまち》を補《おぎな》わんことを思《おも》う。其《そ》の美《び》を將順《しょうじゅん》し、其《そ》の悪《あく》を匡救《きょうきゅう》す。故《ゆえ》に上下《しょうか》能《よ》く相親《あいした》しむ

『詩経』にはこう言っている。本当に心から相手を愛したならば、どうして黙っておられようか。心の底から相手を思う心を抱いていれば、どんな日にもこれを忘れることはない、と」

＊事君…君に事《つか》える。

＊将順…将は「助ける」、順は「従う」。

＊匡救《きょうきゅう》…悪を正し、過ちから救う。

喪親章第十八

孔先生が言われた。

「孝行な息子は親が亡くなったときになりふりかまわずに泣くものだ。礼儀作法もなく、言葉も飾り立てず、美しい着物を着ても心は安らかではなく、音楽を聴いても楽しめず、ご馳走を食べても旨味《うまみ》がわからない。これらは悲しみの情から自然に発するものである。

なり。詩《し》に云《い》わく、心《こころ》に愛《あい》せば、遐《なん》ぞ謂《い》わざらん。中心之《ちゅうしんこれ》を蔵《ぞう》せば、何《いずれ》の日《ひ》にか之《これ》を忘《わす》れんと。

喪親章第十八《そうしんしょうだいじゅうはち》

子曰《しのたま》わく、孝子《こうし》の親《おや》を喪《うしな》うや、哭偯《こくよ》らず、礼容《れいよう》無《な》く、言文《げんぶん》ならず、美《び》を服《ふく》して安《やす》からしかし、悲しみのあまり食欲がなくなっても、三日経ったら食べ始める。これは一般の民に親が死んだからといって食べ物を食べずに体を弱らせ、命を縮めないようにすることが大切だと教えているのである。これは聖人の政の一つである。

亡き親を悼《いた》んで家にこもり、親を偲んで世の中から隔絶する。けれども、いつまでもそうすべきではない。そこで聖人の政は、三年を過ぎたら喪に服するのも一区切りだと民に終わりがあることを示すのである。

葬式のときには、ちゃんとした棺桶と着物、敷物を新たにつくり、遺体を挙げて棺《ひつぎ》に納める。お供え物を入れる簠簋《ほき》(器)を並べて、悲しみ悼む。男も女も我を忘れて声を上げて泣いたり、すすり泣いたりして、悲

ず、楽《がく》を聞《き》きて楽《たの》しからず、旨《し》を食《くら》いて甘《うま》からず、此《これ》哀戚《あいせき》の情《じょう》なり。三日《みっか》にして食《しょく》す、民《たみ》に死《し》を以《もっ》て生《せい》を傷《そこな》うこと無《な》く、毀《き》して性《せい》を滅《めっ》せざるを教《おし》う。此《こ》れ聖人《せいじん》の政《まつりごと》なり。喪《も》三年《さんねん》を過《す》ぎざるは、民《たみ》に終《おわ》り有《あ》るを示《しめ》すなり。之《これ》が棺椁《かんかく》衣衾《いきん》を為《つく》りて之《これ》を挙《あ》げ、其《そ》の簠簋《ほき》を陳《つら》ねて之《これ》を哀戚《あいせき》す。

しみの心をもって送り出す。棺を埋める場所を定めて安らかに納める。先祖の御霊《みたま》をお祭りする場所をつくり、亡くなった人の魂を祭る。春と秋の祭祀のときには、平生忘れている先祖のことを思い起こす。

生きているときに親に仕えるには心から親を愛敬し、死んでから先祖に仕えるには悲しみ悼む。人としての根本を尽くす。親が生きているときと死んだときにどう対するか、これには孝道という人間としての道筋がある。このように孝行というのは、親が生きているときに仕えるというだけではなくて、死んでから後も親や先祖を忘れないようにしていくことが大切である。これがすべての本であり、また終わりである。

擗踊哭泣《へきようこっきゅう》し、哀《かな》しみて以《もっ》て之《これ》を送《おく》る。其《そ》の宅兆《たくちょう》を卜《ぼく》して、之《これ》を安措《あんそ》し、之《これ》が宗廟《そうびょう》を為《つく》りて鬼《き》を以《もっ》て之《これ》を享《う》く。春秋《しゅんじゅう》に祭祀《さいし》し、時《とき》を以《もっ》て之《これ》を思《おも》う。生事《せいじ》には愛敬《あいけい》し、死《し》事《じ》には哀慼《あいせき》す。生民《せいみん》の本《もと》を盡《つく》せり。死生《せい》の義《ぎ》備《そな》われり。孝子《こうし》の親《おや》に事《つか》うること終《おわ》れり。

平成二十八年九月五日
有源舎に於て
百一迂叟　伊與田覺

あとがき

文は道を貫くの器《うつわ》なり、と古言にあります。文章は人たるの道を貫くために必要なものを盛り込んだ容器である、ということです。『孝経』はその代表格といえる名著です。伊與田覺先生の直筆になる素読用の「仮名孝経」をここに上梓できましたことを無上の喜びとするのはそれ故です。

伊與田先生は七歳より『論語』の素読を始められ、十九歳で東洋学の泰斗《たいと》、安岡正篤師に師事。以来、東洋の聖賢の教えをひたすらに学んでこられました。その中で青年時代より子どもたちに古典を教えられましたが、その最初にとり上げるのが『孝経』だったのです。

伊與田先生は平成二十七年に数え年で百歳になられました。私はその数年前から、先生が百歳になられたら先生の直筆による「仮名孝経」を出版させていただきたい、とお願いしていました。百年後の日本のために残しておくべきだ、残しておかなければならない、と思ったのです。だが、先生は百歳直前に心臓にペースメーカーを入れる大手術をされたこともあって、なかなか筆をとっていただく機会を得ぬままに月日が過ぎていきました。

しかし、先生は放念されてはいなかったのです。ご家族の方から、ようやく「仮名孝経」が完成したという報《しら》せをいただいたのは、今年の七月でした。私の喜びがどのようなものであったかは、ご推察いただけると思います。

昭和二十年八月十五日の敗戦を機に、以後六年八か月間に亘《わた》り、日本はアメリカの占領下に置かれました。それは、占領軍当局によってあらゆる言論がチェックされ、戦前の日本につながるような言葉や理念がことごとく否定されることでもありました。

たとえば、古来、日本人が大切にしてきた「忠孝」という言葉です。「忠」は人または物に誠実を尽くすことであり、「孝」は親や目上の人を大事にすることにほかなりません。だが、それは軍国主義につながる言葉と見なされ、否定的にとらえる風潮さえ生まれました。

アメリカの占領は昭和二十七年四月二十八日に終わり日本は主権を回復しましたが、この占領政策はボディブローのようにきいて、それからの日本に影響することになりました。いや、時が経ち現在に近づけば近づくほどその残滓《ざんし》は顕著になり、私たちの日常にさまざまな事件となって現れている、と言えます。親が子を刺し、子が親を殺すといった事件が日常茶飯事になりつつある趣さえあります。年金欲しさに親が亡くなっても葬儀もせずに放置しておくという事件もありました。日本人が古来大切にし養ってきた精神的規範が失われている事実は、覆うべくもありません。

この精神的廃墟から日本人を救い出すには、単なる知識を教え込む教育ではなく、人間性を高め深めることに集中した教育以外にはないと思います。『孝経』はその根本となるものです。

孝は百行の基といいます。幼少期から『孝経』を素読すれば、そのエッセンスが魂の根底にしみ込んでいくことは、疑いようがありません。百歳の伊與田先生が一文字一文字に心血を注いで筆録されたこの「仮名孝経」を出版する意義は、まさにその一点にあります。

本書が一家に一冊行き渡り、子と親が一緒に素読する光景を思い浮かべます。そういう家庭が至るところに見られるようになれば、日本は必ず精神的廃墟からよみがえり、美風を日常のものにすると信じます。
その日が一日も早く来ることを願って、本書を送り出します。

平成二十八年九月吉日

株式会社致知出版社
代表取締役社長　藤尾　秀昭

著者略歴

伊與田覺（いよた・さとる）

大正5年高知県に生まれる。学生時代から安岡正篤師に師事。昭和15年青少年の学塾・有源舎発足。21年太平思想研究所を設立。28年大学生の精神道場有源学院を創立。32年関西師友協会設立に参与し理事・事務局長に就任。その教学道場として44年には財団法人成人教学研修所の設立に携わり、常務理事、所長に就任。62年論語普及会を設立し、学監として論語精神の昂揚に尽力する。著書に『愛蔵版「仮名論語」』『「大学」を素読する（CD付）』『己を修め人を治める道　「大学」を味読する』『「孝経」　人生をひらく心得』『人物を創る人間学』『安岡正篤先生からの手紙』『中庸に学ぶ』『いかにして人物となるか』『男の風格をつくる論語』『人生を導く先哲の言葉』『百歳の論語』ほか、『「論語」一日一言』の監修（いずれも致知出版社）などがある。

読本《どくほん》『仮名《かな》孝経』

『孝経《こうきょう》』を素読《そどく》する

平成二十八年十月十五日第一刷発行

著者　伊與田覺

発行者　藤尾秀昭

発行所　致知出版社

〒150-0001東京都渋谷区神宮前四の二十四の九

TEL（〇三）三七九六―二一一一

印刷・製本　中央精版印刷

落丁・乱丁はお取替え致します。　（検印廃止）

ISBN978-4-8009-1129-2 C0095

ホームページ　http://www.chichi.co.jp

Eメール　books@chichi.co.jp